Orando por el Propósito de mi Vida

A 13-Semana
Un Diario Devocional de Oración de 13 Semanas

Autora Galardonada Internacionalmente
Toneal M. Jackson

www.WeAreAPS.com

ISBN: 978-1-945145-72-8

Nota de la Autora

El propósito del Diario devocional de oración es llevarlo a un estilo de vida de oración al familiarizarse más con Dios. La oración es nuestra forma de comunicarnos con Dios. Más que un momento para proporcionar una lista de demandas (las cosas que queremos y necesitamos), la oración es un estado mental espiritual. Es un momento en el que no solo hablamos con Dios, sino que esperamos escucharlo. Nuestras vidas de oración pueden carecer de sustancia porque no oramos de manera constante.

A menudo, he escuchado a personas decir: "No sé cómo rezar" o incluso, "No sé qué rezar". Este Diario devocional de oración interactivo está diseñado para enseñar métodos de oración. Se proporciona una escritura semanal, con una explicación de cómo las Escrituras se aplican a cada persona, así como consejos de oración que pueden ayudarle a mejorar su vida de oración.

Semana 1

Romanos 8:28

"Y sabemos que todas las cosas cooperan para bien de los que aman a Dios, de los que son llamados conforme a su propósito."

Explicación

Si ama a Dios y a Su hijo, Jesús en "todas las cosas", cada situación, experiencia y circunstancia, Dios hará que todo funcione a su favor.

Consejo al Orar

Ore pidiendo guía para que se revele su propósito.

Lunes

¿Cómo orar para que se revele el propósito de Dios puede beneficiar a su pareja? Tómese el tiempo para comunicarle a Dios por qué cree que esta solicitud es importante para su pareja.

Mi oración por mi pareja:

____

____

____

____

____

____

____

____

____

____

____

____

____

Martes

¿Cómo orar para que se revele el propósito de Dios puede beneficiar a sus hijos? Tómese el tiempo para comunicarle a Dios por qué cree que esta solicitud es importante para ellos.

Mi oración para mis hijos:

Miércoles

¿Cómo orar para que se revele el propósito de Dios puede beneficiar a su familia? Tómese el tiempo para comunicarle a Dios por qué cree que esta solicitud es importante para ellos.

Mi Oración para mi familia:

____

____

____

____

____

____

____

____

____

____

____

____

____

____

Jueves

¿Cómo orar para que se revele el propósito de Dios puede beneficiar a su iglesia y pastor? Tómese el tiempo para comunicarle a Dios por qué cree que esta solicitud es importante para ellos.

Mi Oración para mi iglesia y pastor:

____

____

____

____

____

____

____

____

____

____

____

____

____

Viernes

¿Cómo orar para que se revele el propósito de Dios puede beneficiar a su jefe y compañeros de trabajo? Tómese el tiempo para comunicarle a Dios por qué cree que esta solicitud es importante para ellos.

Mi oración para mi jefe y compañeros de trabajo:

____

____

____

____

____

____

____

____

____

____

____

____

____

Sábado

¿Cómo orar para que se revele el propósito de Dios puede beneficiar a sus enemigos? Tómese el tiempo para comunicarle a Dios por qué cree que esta solicitud es importante para ellos.

Mi Oración para mis enemigos:

____

____

____

____

____

____

____

____

____

____

____

____

____

____

Domingo

¿Cómo orar para que se revele el propósito de Dios puede beneficiarle? Tómese el tiempo para comunicarle a Dios por qué cree que esta solicitud es importante.

Mi Oración para mí:

____

____

____

____

____

____

____

____

____

____

____

____

____

____

Semana 2

Proverbios 16:4

"Todas las cosas las ha hecho Jehová para su destino peculiar, Y aun al impío para el día malo."

Explicación

Dios hizo todo con el propósito de glorificarlo. Aunque es posible que no todos elijan hacerlo, en última instancia, todos no tendrán más remedio que hacerlo.

Consejo al Orar

Pídale a Dios que le ayude a abstenerse de ser uno de los malvados.

Lunes

¿Cómo hacer cosas buenas puede beneficiar a su pareja? Tómese el tiempo para comunicarle a Dios por qué cree que esta solicitud es importante para su pareja.

Mi oración por mi pareja:

____

____

____

____

____

____

____

____

____

____

____

____

____

____

Martes

¿Cómo hacer cosas buenas puede beneficiar a sus hijos? Tómese el tiempo para comunicarle a Dios por qué cree que esta solicitud es importante para ellos.

Mi oración para mis hijos:

Miércoles

¿Cómo hacer cosas buenas puede beneficiar a su familia? Tómese el tiempo para comunicarle a Dios por qué cree que esta solicitud es importante para ellos.

Mi Oración para mi familia:

____

____

____

____

____

____

____

____

____

____

____

____

____

____

Jueves

¿Cómo hacer cosas buenas puede beneficiar a su iglesia y pastor? Tómese el tiempo para comunicarle a Dios por qué cree que esta solicitud es importante para ellos.

Mi Oración para mi iglesia y pastor:

____

____

____

____

____

____

____

____

____

____

____

____

____

____

Viernes

¿Cómo hacer cosas buenas puede beneficiar a su jefe y compañeros de trabajo? Tómese el tiempo para comunicarle a Dios por qué cree que esta solicitud es importante para ellos.

Mi oración para mi jefe y compañeros de trabajo:

____

____

____

____

____

____

____

____

____

____

____

____

____

____

Sábado

¿Cómo hacer cosas buenas puede beneficiar a sus enemigos? Tómese el tiempo para comunicarle a Dios por qué cree que esta solicitud es importante para ellos.

Mi Oración para mis enemigos:

____

____

____

____

____

____

____

____

____

____

____

____

____

____

Domingo

¿Cómo hacer cosas buenas puede beneficiarle? Tómese el tiempo para comunicarle a Dios por qué cree que esta solicitud es importante.

Mi Oración para mí:

____

<u>Semana 3</u>

Eclesiastés 8:6

"Porque para todo lo que quisieres hay su momento y su modo; porque el mal del hombre es grande sobre él."

Explicación

Hay un tiempo señalado para que ocurra todo en nuestra vida. Si la vida, la muerte y todo lo demás sucederá y provocará una variedad de emociones, lo cual es natural.

Consejo al Orar

Ore por comprensión y la capacidad de aceptar las cosas que suceden en su vida.

Lunes

¿Cómo entender la voluntad de Dios puede beneficiar a su pareja? Tómese el tiempo para comunicarle a Dios por qué cree que esta solicitud es importante para su pareja.

Mi oración por mi pareja:

____

____

____

____

____

____

____

____

____

____

____

____

____

Martes

¿Cómo entender la voluntad de Dios puede beneficiar a sus hijos? Tómese el tiempo para comunicarle a Dios por qué cree que esta solicitud es importante para ellos.

Mi oración para mis hijos:

____

____

____

____

____

____

____

____

____

____

____

____

____

____

____

Miércoles

¿Cómo entender la voluntad de Dios puede beneficiar a su familia? Tómese el tiempo para comunicarle a Dios por qué cree que esta solicitud es importante para ellos.

Mi Oración para mi familia:

____

____

____

____

____

____

____

____

____

____

____

____

____

____

Jueves

¿Cómo entender la voluntad de Dios puede beneficiar a su iglesia y pastor? Tómese el tiempo para comunicarle a Dios por qué cree que esta solicitud es importante para ellos.

Mi Oración para mi iglesia y pastor:

____

____

____

____

____

____

____

____

____

____

____

____

____

____

Viernes

¿Cómo entender la voluntad de Dios puede beneficiar a su jefe y compañeros de trabajo? Tómese el tiempo para comunicarle a Dios por qué cree que esta solicitud es importante para ellos.

Mi oración para mi jefe y compañeros de trabajo:

____

____

____

____

____

____

____

____

____

____

____

____

____

____

Sábado

¿Cómo entender la voluntad de Dios puede beneficiar a sus enemigos? Tómese el tiempo para comunicarle a Dios por qué cree que esta solicitud es importante para ellos.

Mi Oración para mis enemigos:

____

____

____

____

____

____

____

____

____

____

____

____

____

____

Domingo

¿Cómo entender la voluntad de Dios puede beneficiarle? Tómese el tiempo para comunicarle a Dios por qué cree que esta solicitud es importante.

Mi Oración para mí:

____
____
____
____
____
____
____
____
____
____
____
____
____
____

<u>Semana 4</u>

Isaías 45:18

"Porque así dijo Jehová, que creó los cielos; él es Dios, el que formó la tierra, el que la hizo y la compuso; no la creó en vano; la creó para que fuese habitada: Yo soy Jehová, y no hay otro."

Explicación

Debemos entender que solo hay un Creador.

Dios creó todo. Debemos reconocer y hacer referencia a ese hecho.

Consejo al Orar

Ore por un espíritu de humildad.

Lunes

¿Cómo el espíritu de la humildad puede beneficiar a su pareja? Tómese el tiempo para comunicarle a Dios por qué cree que esta solicitud es importante para su pareja.

Mi oración por mi pareja:

____

____

____

____

____

____

____

____

____

____

____

____

____

____

Martes

¿Cómo el espíritu de la humildad puede beneficiar a sus hijos? Tómese el tiempo para comunicarle a Dios por qué cree que esta solicitud es importante para ellos.

Mi oración para mis hijos:

____

____

____

____

____

____

____

____

____

____

____

____

____

____

____

Miércoles

¿Cómo el espíritu de la humildad puede beneficiar a su familia? Tómese el tiempo para comunicarle a Dios por qué cree que esta solicitud es importante para ellos.

Mi Oración para mi familia:

____

____

____

____

____

____

____

____

____

____

____

____

____

____

Jueves

¿Cómo el espíritu de la humildad puede beneficiar a su iglesia y pastor? Tómese el tiempo para comunicarle a Dios por qué cree que esta solicitud es importante para ellos.

Mi Oración para mi iglesia y pastor:

____

____

____

____

____

____

____

____

____

____

____

____

____

____

Viernes

¿Cómo el espíritu de la humildad puede beneficiar a su jefe y compañeros de trabajo? Tómese el tiempo para comunicarle a Dios por qué cree que esta solicitud es importante para ellos.

Mi oración para mi jefe y compañeros de trabajo:

____

____

____

____

____

____

____

____

____

____

____

____

____

____

Sábado

¿Cómo el espíritu de la humildad puede beneficiar a sus enemigos? Tómese el tiempo para comunicarle a Dios por qué cree que esta solicitud es importante para ellos.

Mi Oración para mis enemigos:

____

____

____

____

____

____

____

____

____

____

____

____

____

____

Domingo

¿Cómo el espíritu de la humildad puede beneficiarle? Tómese el tiempo para comunicarle a Dios por qué cree que esta solicitud es importante.

Mi Oración para mí:

____

____

____

____

____

____

____

____

____

____

____

____

____

____

____

Semana 5

2 Timoteo 2:25

"Que con mansedumbre corrija a los que se oponen, por si quizá Dios les conceda el arrepentimiento que conduce al pleno conocimiento de la verdad."

Explicación

Trate de educar a los que no saben. Ore para que Dios abra sus ojos y les dé oído para oír y corazón para recibir.

Consejo al Orar

Ore por paciencia.

Lunes

¿Cómo tener paciencia puede beneficiar a su pareja? Tómese el tiempo para comunicarle a Dios por qué cree que esta solicitud es importante para su pareja.

Mi oración por mi pareja:

____

____

____

____

____

____

____

____

____

____

____

____

____

____

Martes

¿Cómo tener paciencia puede beneficiar a sus hijos? Tómese el tiempo para comunicarle a Dios por qué cree que esta solicitud es importante para ellos.

Mi oración para mis hijos:

____

____

____

____

____

____

____

____

____

____

____

____

____

____

____

Miércoles

¿Cómo tener paciencia puede beneficiar a su familia? Tómese el tiempo para comunicarle a Dios por qué cree que esta solicitud es importante para ellos.

Mi Oración para mi familia:

Jueves

¿Cómo tener paciencia puede beneficiar a su iglesia y pastor? Tómese el tiempo para comunicarle a Dios por qué cree que esta solicitud es importante para ellos.

Mi Oración para mi iglesia y pastor:

____

____

____

____

____

____

____

____

____

____

____

____

____

____

Viernes

¿Cómo tener paciencia puede beneficiar a su jefe y compañeros de trabajo? Tómese el tiempo para comunicarle a Dios por qué cree que esta solicitud es importante para ellos.

Mi oración para mi jefe y compañeros de trabajo:

____

____

____

____

____

____

____

____

____

____

____

____

____

____

Sábado

¿Cómo tener paciencia puede beneficiar a sus enemigos? Tómese el tiempo para comunicarle a Dios por qué cree que esta solicitud es importante para ellos.

Mi Oración para mis enemigos:

____

____

____

____

____

____

____

____

____

____

____

____

____

____

Domingo

¿Cómo tener paciencia puede beneficiarle? Tómese el tiempo para comunicarle a Dios por qué cree que esta solicitud es importante.

Mi Oración para mí:

____

Semana 6

Génesis 1:31

"Y vio Dios todo lo que había hecho, y he aquí que era bueno en gran manera. Y fue la tarde y la mañana el día sexto."

Explicación

Dios se ha tomado el tiempo para crearlo todo. Además, pudo reconocer que todo lo que hacía era muy bueno. Dado que es creación de Dios, Él le ve como muy bueno.

Consejo al Orar

Ore para que Dios le permita verse a sí mismo de la manera en que Él lo ve.

Lunes

¿Cómo ver usando los ojos de Dios puede beneficiar a su pareja? Tómese el tiempo para comunicarle a Dios por qué cree que esta solicitud es importante para su pareja.

Mi oración por mi pareja:

____

____

____

____

____

____

____

____

____

____

____

____

____

Martes

¿Cómo ver usando los ojos de Dios puede beneficiar a sus hijos? Tómese el tiempo para comunicarle a Dios por qué cree que esta solicitud es importante para ellos.

Mi oración para mis hijos:

____

____

____

____

____

____

____

____

____

____

____

____

____

____

____

Miércoles

¿Cómo ver usando los ojos de Dios puede beneficiar a su familia? Tómese el tiempo para comunicarle a Dios por qué cree que esta solicitud es importante para ellos.

Mi Oración para mi familia:

____

____

____

____

____

____

____

____

____

____

____

____

____

____

Jueves

¿Cómo ver usando los ojos de Dios puede beneficiar a su iglesia y pastor? Tómese el tiempo para comunicarle a Dios por qué cree que esta solicitud es importante para ellos.

Mi Oración para mi iglesia y pastor:

____

____

____

____

____

____

____

____

____

____

____

____

____

____

Viernes

¿Cómo ver usando los ojos de Dios puede beneficiar a su jefe y compañeros de trabajo? Tómese el tiempo para comunicarle a Dios por qué cree que esta solicitud es importante para ellos.

Mi oración para mi jefe y compañeros de trabajo:

____

____

____

____

____

____

____

____

____

____

____

____

____

____

Sábado

¿Cómo ver usando los ojos de Dios puede beneficiar a sus enemigos? Tómese el tiempo para comunicarle a Dios por qué cree que esta solicitud es importante para ellos.

Mi Oración para mis enemigos:

____

____

____

____

____

____

____

____

____

____

____

____

____

____

Domingo

¿Cómo ver usando los ojos de Dios puede beneficiarle? Tómese el tiempo para comunicarle a Dios por qué cree que esta solicitud es importante.

Mi Oración para mí:

____

____

____

____

____

____

____

____

____

____

____

____

____

____

Semana 7

Josué 24:15

"Y si mal os parece servir a Jehová, escogeos hoy a quién sirváis; si a los dioses a quienes sirvieron vuestros padres, cuando estuvieron al otro lado del río, o a los dioses de los amorreos en cuya tierra habitáis; pero yo y mi casa serviremos a Jehová."

Explicación Servir a Dios es una decisión personal; nadie puede hacerlo por usted. Sea deliberado al elegir servir a Dios.

Consejo al Orar

Orar por Claridad.

Lunes

¿Cómo tomar decisiones intencionales puede beneficiar a su pareja? Tómese el tiempo para comunicarle a Dios por qué cree que esta solicitud es importante para su pareja.

Mi oración por mi pareja:

____

____

____

____

____

____

____

____

____

____

____

____

____

Martes

¿Cómo tomar decisiones intencionales puede beneficiar a sus hijos? Tómese el tiempo para comunicarle a Dios por qué cree que esta solicitud es importante para ellos.

Mi oración para mis hijos:

____

____

____

____

____

____

____

____

____

____

____

____

____

____

____

Miércoles

¿Cómo tomar decisiones intencionales puede beneficiar a su familia? Tómese el tiempo para comunicarle a Dios por qué cree que esta solicitud es importante para ellos.

Mi Oración para mi familia:

____

____

____

____

____

____

____

____

____

____

____

____

____

____

Jueves

¿Cómo tomar decisiones intencionales puede beneficiar a su iglesia y pastor? Tómese el tiempo para comunicarle a Dios por qué cree que esta solicitud es importante para ellos.

Mi Oración para mi iglesia y pastor:

____

____

____

____

____

____

____

____

____

____

____

____

____

____

Viernes

¿Cómo tomar decisiones intencionales puede beneficiar a su jefe y compañeros de trabajo? Tómese el tiempo para comunicarle a Dios por qué cree que esta solicitud es importante para ellos.

Mi oración para mi jefe y compañeros de trabajo:

____

____

____

____

____

____

____

____

____

____

____

____

____

____

Sábado

¿Cómo tomar decisiones intencionales puede beneficiar a sus enemigos? Tómese el tiempo para comunicarle a Dios por qué cree que esta solicitud es importante para ellos.

Mi Oración para mis enemigos:

____

____

____

____

____

____

____

____

____

____

____

____

____

____

Domingo

¿Cómo tomar decisiones intencionales puede beneficiarle? Tómese el tiempo para comunicarle a Dios por qué cree que esta solicitud es importante.

Mi Oración para mí:

____

____

____

____

____

____

____

____

____

____

____

____

____

____

<u>Semana 8</u>

Hebreos 4:12

"Porque la palabra de Dios es viva y eficaz, y más cortante que toda espada de dos filos; y penetra hasta la división del alma y del espíritu, de las coyunturas y de los tuétanos, y discierne los pensamientos y las intenciones del corazón."

Explicación

Debemos ser obedientes a la palabra de Dios. Debemos caminar en nuestro propósito como Dios nos ha creado para que lo hagamos para no estar separados de Dios.

Consejo al Orar

Ore para que Dios lo fortalezca para caminar en su propósito.

Lunes

¿Cómo ser obediente a la palabra de Dios puede beneficiar a su pareja? Tómese el tiempo para comunicarle a Dios por qué cree que esta solicitud es importante para su pareja.

Mi oración por mi pareja:

____

____

____

____

____

____

____

____

____

____

____

____

____

Martes

¿Cómo ser obediente a la palabra de Dios puede beneficiar a sus hijos? Tómese el tiempo para comunicarle a Dios por qué cree que esta solicitud es importante para ellos.

Mi oración para mis hijos:

____

____

____

____

____

____

____

____

____

____

____

____

____

____

Miércoles

¿Cómo ser obediente a la palabra de Dios puede beneficiar a su familia? Tómese el tiempo para comunicarle a Dios por qué cree que esta solicitud es importante para ellos.

Mi Oración para mi familia:

____

____

____

____

____

____

____

____

____

____

____

____

____

____

Jueves

¿Cómo ser obediente a la palabra de Dios puede beneficiar a su iglesia y pastor? Tómese el tiempo para comunicarle a Dios por qué cree que esta solicitud es importante para ellos.

Mi Oración para mi iglesia y pastor:

____

____

____

____

____

____

____

____

____

____

____

____

____

____

Viernes

¿Cómo ser obediente a la palabra de Dios puede beneficiar a su jefe y compañeros de trabajo? Tómese el tiempo para comunicarle a Dios por qué cree que esta solicitud es importante para ellos.

Mi oración para mi jefe y compañeros de trabajo:

____

____

____

____

____

____

____

____

____

____

____

____

____

____

____

Sábado

¿Cómo ser obediente a la palabra de Dios puede beneficiar a sus enemigos? Tómese el tiempo para comunicarle a Dios por qué cree que esta solicitud es importante para ellos.

Mi Oración para mis enemigos:

____

____

____

____

____

____

____

____

____

____

____

____

____

____

____

Domingo

¿Cómo ser obediente a la palabra de Dios puede beneficiarle? Tómese el tiempo para comunicarle a Dios por qué cree que esta solicitud es importante.

Mi Oración para mí:

____

____

____

____

____

____

____

____

____

____

____

____

____

____

Semana 9

1 Corintios 14:12

"Así también vosotros; pues que anheláis dones espirituales, procurad abundar en ellos para edificación de la iglesia."

Explicación

Use los dones que posee para ayudar a edificar y animar a otros, especialmente a aquellos que están dentro del cuerpo de Cristo.

Consejo al Orar

Pídale a Dios que le muestre cómo usar sus dones para ayudar a los demás.

Lunes

¿Cómo ayudar a otros puede beneficiar a su pareja? Tómese el tiempo para comunicarle a Dios por qué cree que esta solicitud es importante para su pareja.

Mi oración por mi pareja:

____

____

____

____

____

____

____

____

____

____

____

____

____

____

Martes

¿Cómo ayudar a otros puede beneficiar a sus hijos? Tómese el tiempo para comunicarle a Dios por qué cree que esta solicitud es importante para ellos.

Mi oración para mis hijos:

Miércoles

¿Cómo ayudar a otros puede beneficiar a su familia? Tómese el tiempo para comunicarle a Dios por qué cree que esta solicitud es importante para ellos.

Mi Oración para mi familia:

Jueves

¿Cómo ayudar a otros puede beneficiar a su iglesia y pastor? Tómese el tiempo para comunicarle a Dios por qué cree que esta solicitud es importante para ellos.

Mi Oración para mi iglesia y pastor:

____

____

____

____

____

____

____

____

____

____

____

____

____

____

Viernes

¿Cómo ayudar a otros puede beneficiar a su jefe y compañeros de trabajo? Tómese el tiempo para comunicarle a Dios por qué cree que esta solicitud es importante para ellos.

Mi oración para mi jefe y compañeros de trabajo:

____

____

____

____

____

____

____

____

____

____

____

____

____

____

Sábado

¿Cómo ayudar a otros puede beneficiar a sus enemigos? Tómese el tiempo para comunicarle a Dios por qué cree que esta solicitud es importante para ellos.

Mi Oración para mis enemigos:

____

____

____

____

____

____

____

____

____

____

____

____

____

____

Domingo

¿Cómo ayudar a otros puede beneficiarle? Tómese el tiempo para comunicarle a Dios por qué cree que esta solicitud es importante.

Mi Oración para mí:

Semana 10

Filipenses 2:13

"Porque Dios es el que en vosotros opera tanto el querer como el hacer, por su buena voluntad."

Explicación

Dios nos da dones que podemos usar para glorificarlo. Nuestros obsequios no deben utilizarse únicamente para satisfacción personal; debemos desear ayudar a los demás y agradar a Dios.

Consejo al Orar

Rece por el espíritu de abnegación.

Lunes

¿Cómo el espíritu de abnegación puede beneficiar a su pareja? Tómese el tiempo para comunicarle a Dios por qué cree que esta solicitud es importante para su pareja.

Mi oración por mi pareja:

Martes

¿Cómo el espíritu de abnegación puede beneficiar a sus hijos? Tómese el tiempo para comunicarle a Dios por qué cree que esta solicitud es importante para ellos.

Mi oración para mis hijos:

____

Miércoles

¿Cómo el espíritu de abnegación puede beneficiar a su familia? Tómese el tiempo para comunicarle a Dios por qué cree que esta solicitud es importante para ellos.

Mi Oración para mi familia:

____

____

____

____

____

____

____

____

____

____

____

____

____

____

Jueves

¿Cómo el espíritu de abnegación puede beneficiar a su iglesia y pastor? Tómese el tiempo para comunicarle a Dios por qué cree que esta solicitud es importante para ellos.

Mi Oración para mi iglesia y pastor:

____

____

____

____

____

____

____

____

____

____

____

____

____

____

Viernes

¿Cómo el espíritu de abnegación puede beneficiar a su jefe y compañeros de trabajo? Tómese el tiempo para comunicarle a Dios por qué cree que esta solicitud es importante para ellos.

Mi oración para mi jefe y compañeros de trabajo:

Sábado

¿Cómo el espíritu de abnegación puede beneficiar a sus enemigos? Tómese el tiempo para comunicarle a Dios por qué cree que esta solicitud es importante para ellos.

Mi Oración para mis enemigos:

____

____

____

____

____

____

____

____

____

____

____

____

____

____

Domingo

¿Cómo el espíritu de abnegación puede beneficiarle? Tómese el tiempo para comunicarle a Dios por qué cree que esta solicitud es importante.

Mi Oración para mí:

____

____

____

____

____

____

____

____

____

____

____

____

____

____

Semana 11

2 Corintios 9:7

"Cada uno dé como propuso en su corazón: no con tristeza, ni por necesidad, porque Dios ama al dador alegre."

Explicación

Sin importar lo que haga o de, que sea desde un lugar de sinceridad. Hacer algo solo para que los demás puedan verlo, o simplemente para satisfacer a alguien más no beneficiará su corazón si no está en el lugar correcto.

Consejo al Orar

Pídale a Dios que permita que sus obras se arraiguen en el gozo y la sinceridad.

Lunes

¿Cómo poseer júbilo puede beneficiar a su pareja? Tómese el tiempo para comunicarle a Dios por qué cree que esta solicitud es importante para su pareja.

Mi oración por mi pareja:

____

____

____

____

____

____

____

____

____

____

____

____

____

____

Martes

¿Cómo poseer júbilo puede beneficiar a sus hijos? Tómese el tiempo para comunicarle a Dios por qué cree que esta solicitud es importante para ellos.

Mi oración para mis hijos:

____

____

____

____

____

____

____

____

____

____

____

____

____

____

____

Miércoles

¿Cómo poseer júbilo puede beneficiar a su familia? Tómese el tiempo para comunicarle a Dios por qué cree que esta solicitud es importante para ellos.

Mi Oración para mi familia:

____

____

____

____

____

____

____

____

____

____

____

____

____

____

Jueves

¿Cómo poseer júbilo puede beneficiar a su iglesia y pastor? Tómese el tiempo para comunicarle a Dios por qué cree que esta solicitud es importante para ellos.

Mi Oración para mi iglesia y pastor:

____

____

____

____

____

____

____

____

____

____

____

____

____

____

Viernes

¿Cómo poseer júbilo puede beneficiar a su jefe y compañeros de trabajo? Tómese el tiempo para comunicarle a Dios por qué cree que esta solicitud es importante para ellos.

Mi oración para mi jefe y compañeros de trabajo:

Sábado

¿Cómo poseer júbilo puede beneficiar a sus enemigos? Tómese el tiempo para comunicarle a Dios por qué cree que esta solicitud es importante para ellos.

Mi Oración para mis enemigos:

____

____

____

____

____

____

____

____

____

____

____

____

____

____

Domingo

¿Cómo poseer júbilo puede beneficiarle? Tómese el tiempo para comunicarle a Dios por qué cree que esta solicitud es importante.

Mi Oración para mí:

____
____
____
____
____
____
____
____
____
____
____
____
____
____
____

Semana 12

Job 42:2

"Yo conozco que todo lo puedes, Y que no puede estorbarse ningún propósito tuyo."

Explicación No hay nada que sea demasiado difícil de hacer para Dios. Cuando reconocemos que Él es la razón por la que todo existe, Él nos bendecirá.

Consejo al Orar

Debemos Reconocer a Dios y su bondad.

Lunes

¿Cómo reconocer la bondad de Dios puede beneficiar a su pareja? Tómese el tiempo para comunicarle a Dios por qué cree que esta solicitud es importante para su pareja.

Mi oración por mi pareja:

____

____

____

____

____

____

____

____

____

____

____

____

____

Martes

¿Cómo reconocer la bondad de Dios puede beneficiar a sus hijos? Tómese el tiempo para comunicarle a Dios por qué cree que esta solicitud es importante para ellos.

Mi oración para mis hijos:

____

____

____

____

____

____

____

____

____

____

____

____

____

____

____

Miércoles

¿Cómo reconocer la bondad de Dios puede beneficiar a su familia? Tómese el tiempo para comunicarle a Dios por qué cree que esta solicitud es importante para ellos.

Mi Oración para mi familia:

____

____

____

____

____

____

____

____

____

____

____

____

____

____

Jueves

¿Cómo reconocer la bondad de Dios puede beneficiar a su iglesia y pastor? Tómese el tiempo para comunicarle a Dios por qué cree que esta solicitud es importante para ellos.

Mi Oración para mi iglesia y pastor:

____

____

____

____

____

____

____

____

____

____

____

____

____

Viernes

¿Cómo reconocer la bondad de Dios puede beneficiar a su jefe y compañeros de trabajo? Tómese el tiempo para comunicarle a Dios por qué cree que esta solicitud es importante para ellos.

Mi oración para mi jefe y compañeros de trabajo:

____

____

____

____

____

____

____

____

____

____

____

____

____

Sábado

¿Cómo reconocer la bondad de Dios puede beneficiar a sus enemigos? Tómese el tiempo para comunicarle a Dios por qué cree que esta solicitud es importante para ellos.

Mi Oración para mis enemigos:

____

____

____

____

____

____

____

____

____

____

____

____

____

____

Domingo

¿Cómo reconocer la bondad de Dios puede beneficiarle? Tómese el tiempo para comunicarle a Dios por qué cree que esta solicitud es importante.

Mi Oración para mí:

____

____

____

____

____

____

____

____

____

____

____

____

____

____

Semana 13

Éxodo 9:16

"Y a la verdad yo te he puesto para mostrar en ti mi poder, y para que mi nombre sea anunciado en toda la tierra."

Explicación

La razón por la que existe es para que Dios pueda ser glorificado. Independientemente del don o talento respectivo, finalmente fue creado para que las personas puedan ver y conocer a Dios.

Consejo al Orar

Acepte la voluntad y el propósito de Dios para su vida.

Lunes

¿Cómo aceptar la voluntad de Dios puede beneficiar a su pareja? Tómese el tiempo para comunicarle a Dios por qué cree que esta solicitud es importante para su pareja.

Mi oración por mi pareja:

Martes

¿Cómo aceptar la voluntad de Dios puede beneficiar a sus hijos? Tómese el tiempo para comunicarle a Dios por qué cree que esta solicitud es importante para ellos.

Mi oración para mis hijos:

____

Miércoles

¿Cómo aceptar la voluntad de Dios puede beneficiar a su familia? Tómese el tiempo para comunicarle a Dios por qué cree que esta solicitud es importante para ellos.

Mi Oración para mi familia:

____

____

____

____

____

____

____

____

____

____

____

____

____

____

Jueves

¿Cómo aceptar la voluntad de Dios puede beneficiar a su iglesia y pastor? Tómese el tiempo para comunicarle a Dios por qué cree que esta solicitud es importante para ellos.

Mi Oración para mi iglesia y pastor:

____

____

____

____

____

____

____

____

____

____

____

____

____

____

Viernes

¿Cómo aceptar la voluntad de Dios puede beneficiar a su jefe y compañeros de trabajo? Tómese el tiempo para comunicarle a Dios por qué cree que esta solicitud es importante para ellos.

Mi oración para mi jefe y compañeros de trabajo:

____

____

____

____

____

____

____

____

____

____

____

____

____

____

Sábado

¿Cómo aceptar la voluntad de Dios puede beneficiar a sus enemigos? Tómese el tiempo para comunicarle a Dios por qué cree que esta solicitud es importante para ellos.

Mi Oración para mis enemigos:

____

____

____

____

____

____

____

____

____

____

____

____

____

____

Domingo

¿Cómo aceptar la voluntad de Dios puede beneficiarle? Tómese el tiempo para comunicarle a Dios por qué cree que esta solicitud es importante.

Mi Oración para mí:

____

____

____

____

____

____

____

____

____

____

____

____

____

____

Epílogo

La esperanza es quc ahora que ha llegado al final de este diario, haya aprendido:

- Que la oración no se trata solo de usted
- Cómo orar de manera más eficaz
- Cómo buscar la paz de Dios

También oro para que haya obtenido una mayor sensación de paz de la que poseía hace 13 Semanas. Mi deseo es que cuando las tormentas de la vida comiencen a tocar a su puerta, pueda aplicar los principios de oración que ha aprendido. No se deje vencer por la preocupación y el miedo. Recuerde confiar continuamente en Dios.

Toneal M. Jackson es un autor galardonado a nivel nacional e internacional; Editor; y orador inspirador. Es la fundadora de Artists Promoting Success, así como de #ImGladToBeAWoman, una organización que empodera a las mujeres.

En 2012, CBS Chicago la nombró una de las "5 autoras y editoras independientes a las que hay que prestar atención". Fue incorporada a la Liga Profesional de Mujeres Jóvenes en 2016 y a POWER (Organización Profesional de Mujeres de Excelencia reconocida) en 2018. En 2019, recibió el premio I Change Nations Award por su trabajo en la industria literaria. Para obtener más información sobre Toneal, visite: www.AWEInspiringCoach.com

Otros Libros de Toneal M. Jackson:

Cómo Complacer a su Pareja: Una Guía Espiritual Para la Felicidad
Cuatro Chicas: Muchas Opciones
Cuatro Chicas Aprenden sus Colores
Es una forma de decirlo todo: Cómo comunicarse con sus Hijos
Es una forma de decirlo todo: Cómo Comunicarse con su Pareja para ser Feliz
Ella Está Fuera. Estoy Inspirada desde ARRIBA.
Aprendiendo a Amarme
Ámame, Por Favor
Ser una Autor Emprendedor: Cómo Triunfar en el Mundo de los Libros
La carrera Hacia el Anillo: Las siete C de un Noviazgo Exitoso
Antología del Fruto del Espíritu: Tomar los Momentos Amargos de la Vida y Hacerlos Dulces
Orando con Propósito para Mi Vida (Diario)
Orando por los Problemas de mi Vida (Diario)
Orando por Prosperidad en mi Vida (Diario)
Alabando a Través de la Pandemia

www.ingramcontent.com/pod-product-compliance
Lightning Source LLC
LaVergne TN
LVHW010105110826
845155LV00028B/499

* 9 7 8 1 9 4 5 1 4 5 7 2 8 *